Sentinelles du midi

DU MÊME AUTEUR

Sentinelles du matin, Québec, Éditions Anne Sigier,
automne 2003

Pierre Gagnon

Sentinelles du midi

CARTE **BLANCHE**

L'auteur tient à remercier :
Le père René Bernard
Monsieur Réjean Olivier
Monsieur Denys Bélanger
Madame Suzanne Gervais
Pour leur collaboration à la réalisation de ce livre.

Monsieur François Gagnon
Pour la photographie de la page couverture.

Éditions Carte blanche
1209, avenue Bernard Ouest, bureau 200
Montréal H2V 1V7
Tél.: 514-276-1208 • Fax: 514-276-1349

Diffusion Fides: 514-745-4290
Distribution Socadis: 514-331-3300

À Suzanne, mon épouse,
À nos enfants,
À nos petits-enfants,
À mes arrières-petits-enfants.

Avant-propos

Il m'est venu au cœur et à l'esprit de demeurer fidèle au père Roland Leclerc, auteur de la préface de *Sentinelles du Matin* (2003), pour ouvrir les premières pages de *Sentinelles du Midi*.

Je vous propose le texte paru au revers du signet publié comme faire-part de remerciements à la suite de son décès.

Je crois que certains moments de notre vie portent un appel de la cinquième dimension de la vie. Par exemple, chaque fois que j'entends l'*Alleluia* de Haendel, je suis comme porté vers ce monde, que l'*Alleluia* appelle.

D'ailleurs il n'y a pas juste l'*Alleluia* qui fait cela, certains moments simples de silence, d'écoute, de paix, d'extase, nous ouvrent à cette plénitude. Ce qui me préoccupe, c'est que l'Alleluia puisse exister quelque part, comme en sa demeure originale. Je crois qu'il existe une telle demeure et un tel moment de plénitude, de béatitude et de paix, pour nous.

Puisse notre regard être constamment habité pour que nous puissions nous regarder les uns les autres avec cette reconnaissance de beauté qui nous révèle notre vraie nature.

ROLAND LECLERC,
novembre 2003

Note : Il existe un Fonds consacré à la continuité de son œuvre, soit l'évangélisation par les médias: Fonds Roland Leclerc, à l'attention de Fondation communautaire de Saint-Maurice, 880, place Boland, Trois-Rivières, Québec G8Z 4H2. (Chaque offrande de plus de 10 $ fera l'objet d'un reçu.) Merci Roland de nous aider encore et toujours.

L'ÊTRE

Le ciel m'est tombé sur la tête.
Depuis, je l'ai bien heureuse.

L'oiseau bleu

Le bonheur est un oiseau bleu ciel.
Il se plaît à voler d'une branche à l'autre,
au temps des humains.
Parfois, il se terre au cœur du feuillage
afin que l'Être s'ennuie et l'appelle de tous ses vœux.
Alors, dans un rayon de soleil, il revient
se percher sur l'épaule de la personne
pour lui susurrer des chants de tendresse et d'amour.

Éclair de vérité

La vérité gicle, éclate comme le soleil au creux de nuées grises. Lame lumineuse, incisive, créée afin de pourfendre le noir mensonge au sein des âmes profanées.

L'instant ne dure guère. Des nuages poussés par le fort vent d'est repoussent l'astre de feu aux confins du fini où vivent de nouvelles ténèbres, pénombres, félonies et trahisons. Mais, plus forte que tout, la vérité réussit toujours à vaincre les mythes.

Vent du large

Avec quelques amis, j'avance d'un craquement à l'autre, tenant solidement la hache à fendre le temps pour découvrir peu à peu, avec eux, les frontières de l'infini et le lieu de gestation des roses, des étoiles, des mélodies, des muses et des arcs-en-ciel.

L'autre

Tu es pour moi plage mystérieuse près d'un quai où accostent les grands mâts du rêve.

Mais j'ignore le temps de tes marées intimes, où ton désir déferle en inondant pierres, galets et récifs, et celui de tes basses mers qui laissent à découvert tes blessures, peines, qui sont aussi cuirasses de ton moi et gaines de ton cœur de pierre. Hâte-toi de prendre le risque de t'éveiller.

Sur l'amour des êtres

L'amour naît n'importe où, n'importe comment et n'importe quand.

L'amour, c'est le pollen, c'est l'étamine, c'est le grain de sénevé.

Si petit, poussé par une brise arc-en-ciel vers le havre des cœurs ouverts à le recevoir.

Mais ce nid tout chaud qui le reçoit comme une serre afin qu'il grandisse ne comprend jamais et ne mérite pas de savoir qu'il est bien là.

Comme la goutte d'éternité semée au sein de la maman, et soudain, avec le temps, éblouie comme un grand soleil crevant les nuages gris, l'amour est là et deux mains froides se joignent afin que chaleur vienne.

Et d'un printemps aux nouvelles couleurs, aux pousses de monde nouveau vers les saisons qui s'amoncellent aux rythmes des temps de la vie. L'amour est là et toujours grandit. Les mains sont toutes chaudes, la serre-cœur s'épanouit avec l'amour qui l'envahit.

D'un sourire d'enfant aux premiers cheveux blancs, l'amour a besoin de la rosée tendresse pour bien se développer.

Libération!

Toute entrave à la liberté
Tue la vie de l'être.
La peur, la terreur, étouffent le bonheur.
La glace enserre le ruisseau
de ses doigts de neige.
L'eau vive jaillira du soleil d'avril
Libération!
La chenille naîtra
en se débattant,
mais un papillon naîtra des nues
de sa mort et deviendra
fleur d'azur, de bleu et blanc vêtue.
Libération!
Un homard se tord
ne tient plus en place
pour quitter sa vieille carapace.
Soudain, l'eau fraîche le caresse,
sa chair mue, c'est l'ivresse.
Libération!
À grands coups de bec gris
l'oiseau perce la dure coquille
de l'œuf qui le retient.
Soudain l'œuf est inutile.
L'oiseau grimpe au-dessus des toits.
Libération!

Carrousels

Aux temps de la fin, les carrousels s'emballent.
L'axe autour duquel gravitent les manèges
s'est déplacé par la foudre de la bêtise.
Tout s'est changé en puissance excentrique.
Un à un tombent de leurs chevaux les pantins agités de
mille convulsions, sur un sol mouvant, aux relents de
désespoir.

La danse-musique de ménestrels qui amusaient tous les
enfants est devenue symphonie d'un nouveau monde
où tout éclate, se divise, se sépare, s'anéantit, se déchire
sous la pression immense des cœurs de pierre durcis
par l'égoïsme.

Et pourtant, tout était en place pour que nuages caressent, que fleurs embaument, que plages roulent sous la
brise du soir, que soleil brille pour chauffer les espoirs,
que l'étoile soit à portée d'âme, que tendresse s'épanouisse et que tout s'achève doucement en gerbes
d'infini.

Fleurs et jardins

Personne n'a le même jardin
ni la même récolte.
Au royaume des fleurs
naissent des reines pour chaque instant
et chacune en son temps.
C'est la même chose pour les cœurs :
ils tressaillent et frémissent
pour d'autres raisons que leur voisin.
Mais, soleil, étoile et lune,
en leurs différentes lumières,
éclairent ou réchauffent à l'infini du temps
tous les cœurs et toutes les fleurs.

Le Club

Au cœur de la ville sale,
où j'allais pour affaires,
un coin de rue si banal
mais un sapin tout paré de lumières
coin Sherbrooke et Laval.
Des chants d'oiseaux percent l'ennui.
J'arrête, stupéfait, ébahi.
Se peut-il qu'en nos jours si gris
à l'oreille qui se prête au miracle
Dieu nous fasse entendre des chants de Paradis?
Oui, je l'ai entendu et j'en fus ébloui.

L'artifice

J'aurai vu en ce temps de l'avent 2004, un arbre de Noël païen dans la salle d'attente d'un bureau de professionnel.

L'arbre même était artificiel. Étaient suspendues à ses branches des boules en forme de grenades dégoupillées, des gnomes grotesques pour faire office de Santa Claus, des instruments de musique, guitares, violons, lyres morts de son, de tristes bouffons et même des ailes d'anges en papier mâché. Le tout couronné d'une étoile sans reflet, clignotant d'une lumière n'éclairant que la bêtise. Misère, *made* ailleurs!

Au milieu de cette désolation, l'Enfant Dieu était absent, aucun rappel pour que le 25 décembre marque son anniversaire de naissance.

* * *

J'observais la surface de la mer. Une vague s'en détache, folâtre au-dessus des plages dorées, s'accroche à la corde à linge d'une sirène parmi les grands draps tout blancs de rêves de lys qui claquent au vent en chantant la liberté.

Si je vis sur du temps emprunté, à qui, un jour, devrais-je le remettre? Quel intérêt devrais-je payer?

Le corps glorieux, absent et pesant tout à la fois, fluide comme l'air, léger comme la caresse de la brise.

Il est bon, dans la paix, de laisser s'éteindre mon corps, à petit feu, afin qu'il n'assaille plus mon âme tout en me protégeant de l'éternelle flamme.

Un flocon de neige se détache avec regret de la nuée qui l'a enfanté et porté folâtre avec ses sœurs et frères aux milles figures si différentes, si variées par la lumière qui caresse leurs cristaux. Il aperçoit la terre ocre toute nue étendant des sillons creux entre les ruisseaux et se demande où la brise le poussera, quel sol l'accueillera. Effaré, il réalise que la glèbe trop tiède le fera périr. La planète terre se réchauffant par le crime de l'homme fera-t-elle aussi mourir les cristaux de neige?

Si un jour, je deviens poète de la rue, je rêverais que l'on me demande de rédiger la lettre d'amour qu'il me semble toujours avoir attendue.

Le temps fuit sans laisser d'adresse. Parfois quelques mémoires s'empoussièrent au fond de boîtes aux lettre tapissées de gravures d'enfants turbulents.

Et toi le temps et moi l'autant qui est celui qui franchira les frontières de l'Infini ? À jamais, je te vaincrai par l'Amour.

Prendre le risque des abysses de l'âme humaine consiste à défoncer les frontières de l'ombre pour découvrir la lumière, reflet d'Infini au cœur de son cœur.

J'ai lu quelque part, qu'un savant ignorant avait commenté sur l'incompréhensible logique universelle. Se comprend-il lui-même? L'enfant pour lequel il n'y a ni passé, ni futur, mais le présent comprend avec son cœur ce que le savant ignore. L'un a un cœur de pierre, l'autre un cœur d'or.

Être vieux,
C'est au mieux,
Disparaître peu à peu.
Dire dans la paix, je le veux,
Car demain, transformé, je serai heureux.

Sous la douce pluie d'automne, notre bonne vieille terre prend sa douche pour se purifier des suées de l'été et s'étendre, toute pure, dans l'attente du blanc manteau de neige qui bientôt la recouvrira.

Il faut prendre chaque jour comme un chef-d'œuvre avec un pinceau d'amour.

L'amour est un risque contenu.

Le monde est mystère et riche de fluides célestes plus réels que celui en lequel nous vivons.

Brasier et cendres froides

Amours tisons
Gerbes d'étincelles
Noces passions
Rodin et Claudel.
En l'atelier des artistes sculpteurs
Deux êtres se désirent, s'empoignent, c'est le délire
Montent de leurs marées intimes
Vagues de plaisirs, la luxure est reine.
Les corps s'épousent en caresses
En des envolées d'ivresses hors du temps.
Un soir les amants
Feront naufrage, chacun sur leurs rivages
D'une même île aux côtes déchiquetées.
Pour à jamais, exilés d'un amour maudit
Déjà terminé avant son début d'exister.
Il mordait ses lèvres et sa poitrine
Elle sentait son cœur défaillir sous
L'assaut et frémir sous la morsure
Ils mêlaient leurs nectars d'un baiser à l'autre

(...)

Mais que faire des alentours
quand les ailleurs sont déjà si loin?
À quoi bon les rages frustres
pour ensuite s'égratigner?
Elle dansait à tous les carrefours de son cœur,
mais il savait bien que jamais elle ne pourrait
se rendre aussi loin que les limites au-delà
desquelles l'horizon se perd dans le ciel.
Dans ses bras elle se faisait toute câline.
Il la cherchait mais elle n'était pas là
foulant de ses pieds légers
les plages d'autres îles
aux lagons bordés de sables blond.

La femme est harmonie
Clef de Sol
Serrure du Ciel
Reine des cœurs de miel
Havre des âmes transies.
Des sons se faufilent
Grelots joyeux
Une femme n'est pas loin
Soudain, la joie éclate
Ève et Marie
Habitent de nouveau la vie.

Immerge-toi dans ton âme au lieu de t'inonder en ton esprit et ton corps.

Mon livre, une montée de la vallée des ombres vers les cimes baignées de lumière.

À combien évaluer la vitrine du succès et pourtant elle est si fragile à éclater.

L'inconscient collectif des Occidentaux est nourri par le film et la télé d'images et de sensations apocalyptiques et de catastrophes à la Spielberg. Le réel réagit par une angoisse chronique.

Lorsque l'on comprend enfin que ce bonheur que l'on recherche avec tant d'ardeur est quelque part ailleurs, il arrive parfois que des parcelles de ce même bonheur nous tombent dessus afin de nous rendre la vie plus vivable un jour à la fois.

Tous les démons de ma vie se ruent en portail d'aujourd'hui. Il reste plus d'hiers que d'avenir. Mais les soleils connus sont plus chauds en regorgeant de lumière.

Sur l'océan cosmique où le Titanic terre connaît roulis et tangages de brutale façon, l'«en avant toute» de la société de consommation tout azimuth hurlé de la passerelle de commandement l'a déjà condamné à périr en frappant l'iceberg spacial et à faire naufrage au cœur des abîmes si bien qualifiés de trous noirs.

Littérature: un jardin où poussent les mots, les phrases, les chapitres, les paragraphes, où les virgules sont des myosotis, les points, des coccinelles, les majuscules toisent de haut les humbles minuscules. Est-ce un jardin ou le monde?

La poésie est la prose étendue doucement sous un ciel de littéraire où se faufilent des choses dont les mots se gaussent.

Un jour disparaîra la langue de bois. Il n'y aura plus de forêts pour en couper.

À l'abri d'un soleil rouge, Vers à vendre
Rimes oranges, strophes jaunies
nuage bleu nuit tire rideau
sur palette de couleurs en folie
et le poète aussi.

NATURE

Azur

Matin d'été
lumière pure
pour inonder de baume
les cœurs blessés.
Bondir dans les clairières
accueillir les graves saluts
des grands feuillus aux âmes agitées
par la brise matinale.
Voir des hirondelles soûlées de printemps
grimper vers l'azur
pour redescendre en vrille vers la verdure.
Imprégner leurs regards étonnés
de découvrir tant de beauté
au cœur de leur liberté.

Ruban

Un poème est un mot de fleurs
pour préparer des bouquets d'amour
liés par des phrases rubans.

Chants d'amour

L'été il est possible de contempler des grands champs
d'amour où poussent des soleils d'action de grâces, des
pâquerettes prières, des coquelicots rouges de souvenirs,
des marguerites murmurant des «je t'aime» à la brise
toute chaude de caresses ensoleillées.

La source

Une source, c'est une montagne qui pleure
de ne pas toucher à la mer,
mais se réjouit en bondissant de rocs en grèves,
à travers ses larmes.
La montagne se rend à l'inaccessible.
La source, par la grâce de son ruisseau
devenu rivière, fleuve se fond
dans l'océan pour l'union bénie de l'onde
et des sommets.

Vigueur

La plupart des espèces de poissons
descendent les rivières, emportées par les courants.
Le saumon et la truite, vigoureusement,
parfois rageusement, remontent les courants,
avec ténacité, pour atteindre leur lieu de naissance
se reproduire, assurer leur pérennité et ensuite
se laisser mourir.
L'espèce Atlantique retourne à la mer trois fois
avant de terminer sa course vers la continuité
par les œufs qu'il féconde.
Il aura grimpé bien des chutes, évité bien des dangers,
l'épuisement, les griffes acérées des pattes d'ours,
le leurre du pêcheur à la mouche,
le faible niveau de l'eau, en période de sécheresse.
Il retourne aux origines, à sa source,
et le Baptisé qui revient aux siennes
a la noblesse et la grâce de ce roi des cours d'eau,
car il a le courage de revenir à soi, à ses origines
et accepter avec joie de se reposer,
car il aura trouvé une vie pour renaître
dans la Lumière de celle qui ne se termine jamais.

Moissons

L'été s'étire et se frotte le dos aux coins des granges remplies de ses fruits. Un soleil frileux, jaune pâle, endort doucement la terre éreintée de ses enfantements. Il flotte dans l'air froid un arôme de neige, de champs roussis, de feuilles mortes. Résistent à ces misères les pins aux cônes en boules de joie annonçant l'hiver.

Message en bouteille

Elle saute d'une vague à l'autre. Tantôt le goulot disparaît sous l'écume de mer, tantôt c'est le corps vitreux qui reflète le soleil.

Sur une mer assez forte danse la bouteille bien close, portant en elle un message d'amour. C'est à la dérive qu'elle approche d'une grande terre ou d'une île perdue, sortie du sein d'un lagon turquoise. L'approche est difficile, la mer la bouscule mais sur quelle plage ira-t-elle s'échouer ou sur quel récif éclater? En quel âge, génération, quel temps!

Mais qui la découvrira et la videra de son message, apprendra qu'il a été écrit par une fée avec une pointe d'étoile et que la lune l'a déposée au bout du monde, au temps des grandes marées. Un message d'amour vient toujours nous griser des au-delà et des alentours.

Soleil

Première étoile mutine
mon cœur se chagrine.
Des lambeaux de nuages gris
te cachent à mes yeux surpris.
Traîné par un croissant de lune
un grand coup de ciel écarlate s'enfuit dans la brume.
Frère soleil, tu te fais si beau en nous quittant
que j'ai peine à croire que demain,
tu reviendras à l'Orient.
Cruel, mordant, tordant, brûlant
toi si doux, sur la pointe de tes rayons,
tu nous quittes au couchant.
Mais généreux, en otages,
Tu laisses les étoiles, la paix du soir,
enveloppés de nuages.

Totems

À l'aube, la mouillure les cache.
Au souffle du vent d'ouest, les formes se modifient
et le voyageur qui les avait aimées autrefois
ne les reconnaît plus d'une décennie à l'autre.
Heureuse métamorphose, qui change le temps
et trompe l'ennui.
L'auriez-vous cru? La mer est artiste.
Lors de ses calmes plats, elle sculpte des totems,
mémoires d'ouragan aux îles Mingan.

Frimure

Novembre noircit les eaux de ma rivière, triste de tirer sa révérence jusqu'au dégel. Entre méandres et courbures tu roules tes flots lentement sous la frimure.

Tu chantais hier sous le soleil et depuis tu murmures les temps d'hiver. Des grands bois au fleuve de belle parure, dors bien et que ton secret me conserve au printemps de nos futurs.

Un tremble frissonne sous la brise froide, c'est bien l'automne qui s'acharne pour décrocher tes dernières feuilles racornies en rêvant encore aux caresses de l'été. Dégagés de leur robe d'eau, les gros cailloux se découvrent en s'effeuillant gentiment à la mi-temps de la rivière, environnée de belle bouillure d'écume toute blanche.

Au-dessus du cours d'eau, frissonnant des premières plaques de gel, les arbres se parent encore de quelques chiffons d'été.

Peu à peu, le flot tumultueux comme un maître de poste porte les feuilles d'amour d'été à la mer des illusions perdues.

De ma fenêtre je peux encore vivre le bonheur du temps des lilas, car mon cours d'eau, mon arbre et ses feuilles me raccrochent au bel antan.

La paix
L'hiver, près de la rivière

Tout est calme, paisible, en ce matin de Noël. Même la brise froide fait la sieste quelque part sous un pin enneigé, les branches chargées de frimas.

Un léger cri perce le silence. Une mésange à tête noire, gracieuse en vol, comme colibri de juin, traverse l'espace, s'approche d'un bac de grains, nerveuse, avale sa pitance, reprend son vol entre ciel tout bleu et terre de blancheur immaculée.

Au bout d'un jardin bien emmitouflé sous manteau d'hermine, une balançoire n'a que des rêves d'été à bercer, car c'est au joli mois des lilas que réalité revient se reposer et doucement croire au nouveau temps d'aimer.

Un tamia de belle fourrure, aux joues rebondies, a saisi un cône de sapin à travers la neige toute douce et retourne au nid en sauts joyeux.

J'imagine un petit lièvre presque blanc regagnant son gîte d'un bond gracieux à l'autre, en jetant parfois, sur le ciel tout bleu, son œil tout rouge.

Paix d'un jour d'hiver, quelque part près de la rivière.

Spleen

Il y a murmure sur les rives du cours d'eau qui coule largo. Feuilles sèches se détachent, tournoient sur elles-mêmes, heurtent leurs pareilles, zigzaguent et froufroutent parfois jusqu'au sol en s'empilant sur les autres. Le vent s'est absenté, se repose, se berce.

Un écureuil voltige d'une branche à l'autre pour faire visite aux amis de l'autre nid tout en haut d'un érable au tronc vieux et tout gris.

C'est la mi-octobre. Les grandes brises folles ne se sont pas levées pour créer ces rafales de feuilles mortes, animées d'un dernier soubresaut de vie sous la rude caresse de souffle froid.

Quelques arbres sont chauves, leurs hautes branches déjà dégarnies, laissant leur bois et cimes égratigner un ciel de vacances charmé par le spectacle des effeuilleuses de terre.

Un lilas, gloire du printemps déjà loin, tend ses bras où quelques feuilles s'accrochent encore, nostalgiques des grappes de bouquets, bleu lavande et blanc neige.

Trois feuilles âgées, ridées, d'un beige déprimé se balancent au gré de la brise, accrochées aux fils d'une toile d'araignée d'été. Ciel! que la Paix a bon goût, en ce beau jour d'automne.

Caresses

Pieds nus à la barre du jour,
au frais parfum de rosée,
un cœur léger de nuages fous
provoque tant de franche gaieté,
que je cours sur les fleurs sans les écraser.
Plutôt, elles chatouillent la chair émoustillée
d'être ainsi caressée.

Le prunier

Un prunier meurt en lançant au ciel ses branches
décharnées en une ultime prière. Un oiseau y voit
une mangeoire accrochée. Quelle aubaine de s'y
nourrir, c'est le paradis.

Un prunier sans prunes, tordu par les vents, séché
par la chaleur ardente du midi ne porte plus de fruits,
mais devient lieu de festin pour les oiseaux voisins.
Voilà que rien ne meurt mais tout est mutation.

INFINI

✛

Dieu aime tellement la vie,
qu'il l'a faite éternelle.

La joie la plus profonde,
c'est de l'amour qu'elle découle.
Et Dieu est tout amour!

Comme il est bon d'avoir été les chouchous
du Seigneur en adoration
devant son Saint Sacrement.

Se marier, c'est se fondre en complicité d'oraison
au cœur de Dieu pour sa plus grande gloire,
le salut du monde et le bonheur des époux.

Quel grand honneur que de se retrouver un jour,
journalier et homme de cour, sur le chantier
d'amour du Seigneur!

Qui parle d'amour pur et vrai… prie Dieu.
Qui prie Dieu sincèrement…
parle d'amour pur et vrai.

Être un petit chien berger pour japper en poussant
le troupeau auprès du bon Pasteur.

Le retour à son soi profond révèle notre indigence
et le trésor de la Présence du Dieu d'amour.

Je rêve de devenir une larme pour couler sur la joue
du Seigneur et le laisser me consoler.

La parfaite intimité de Marie et Joseph a été vécue
avec Jésus ici-bas et au cœur du Père du Ciel.
Il est bon de réaliser que la pureté, la virginalité,
la chasteté sont des fruits de l'Esprit plus savoureux
que les produits de tous les vergers du monde.

En cours d'existence, les larmes versées allègent
le cœur afin de permettre à l'âme de monter plus
légère auprès du Divin Consolateur.

Et si les grands arbres dressés tout droit vers le ciel
étaient des antennes d'où le Seigneur entend la prière
de l'humanité, il faudrait mieux protéger nos forêts.

Je suis un rien unique, bien-aimé de Dieu.

Il y eut Alice au Pays des Merveilles du Monde.
Il y a toi au pays des Merveilles du Créateur
du Monde. Pour y vivre, il faut savoir oser
le dépassement, briser tes frontières,
éclater tes limites.

Pour nous aider, Dieu nous prête l'oreille de ses élus
afin que nous puissions l'invoquer au travers
du chuintement des ailes de nos anges gardiens.

Faire le tour de sa vie, pour y trouver toutes grâces
et lumières de l'Esprit saint.

Mon souhait : que vous soyez imbibés de la lumière
du Seigneur. Lorsqu'une âme est envahie de son
amour miséricordieux, elle goûte déjà au paradis.

La religieuse sacristine est une allumeuse
qui fait danser la langue de feu de la Pentecôte
sur l'autel du Seigneur. Grande lumière s'allume
au ciel au même moment pour illuminer l'univers
de l'Amour de Dieu.

Au coin du temps, sait-on jamais ce qui nous attend?
Au printemps, la jeunesse porte en ses mains
les étés du Seigneur.

La peau douce comme un dos de caillou caressé
par l'onde de la rivière; c'est la peau
d'un nouveau-né, cadeau de Dieu.

Les yeux du Seigneur sont si doux,
mais si tristes face à l'horreur du mal
et à la mort de l'homme.

Par petites touches délicates et retouches,
le Seigneur achève son chef-d'œuvre
de grâce et de miséricorde pour le lampion
de mon âme qui lui appartient.
Nous l'apprécierons ensemble bientôt
lorsque je serai en sa divine présence au Paradis.
Alors, notre action de grâce jaillira
car un autre fils prodigue, un autre larron,
une autre Madeleine par amour de Dieu sera
éternellement près de lui pour l'adorer.

Jésus nous a tout donné. Il ne prend
que notre défense auprès de son Père.

Les temps actuels sont des temps de conversion.
Résonnez trompettes, flûtes et clairons.
Car la Gloire de Dieu se révèle dans la Résurrection,
Alléluia!

De la préhistoire à ce jour, à tous les temps
du monde, les vieux ont eu mission de conserver
le feu pour le transmettre aux générations montantes.
Et Dieu est feu d'amour.

Dieu
Cœur de Feu!
Il bat dans son luminaire
devant son tabernacle.
Il brûle de sa lumière
pour que nous le découvrions
Miséricorde, Amour et Paix.

Il faut savoir déranger avec tact, douceur,
tendresse et respect mais fermeté, afin que le bien
soit totalement révélé par rapport au mal.

Il faut savoir se déranger pour aller vers l'autre.

Le dérangement avec un cœur d'amour est la manière
que Dieu nous donne pour le rejoindre.
Dérangeons-nous! Béni soit son Saint Nom.

Que vous y croyez ou non, Dieu fut, Dieu est,
Dieu sera, et cela est bon.

Commencer la journée par la Sainte Messe
et l'Eucharistie, c'est beurrer son pain de la journée
d'une couche d'éternité.

Le reste de ce que je fus, je t'en prie purifie-le
Seigneur. Tout en mon âme te bénira à jamais.

Dieu donne sans compter.
trop souvent l'homme compte sans donner.
Dommage!

Rêver le Bleu. M'enfouir, m'engouffrer, m'immerger
dans l'azur du ciel, parfum coloré du Père Éternel,
Créateur du Ciel et de la Terre.

Il y a des mots qui n'en finissent plus d'évoquer
les anges : amour, éternité, ciel, Jésus, Dieu, Marie,
années-lumière, alléluia, amen.

Le cœur que l'on protège avec une armure d'argile,
sur laquelle on appose quelques miroirs
pour répondre à l'attente que l'on crée,
cache un diamant aux mille feux que l'on a peur
de révéler à l'autre, car c'est un trait caché
du visage de Dieu. Osera-t-on, un jour,
le laisser paraître tel qu'il est vraiment?

Scène de lumière : la Sainte Communion,
une maman sud-américaine esquisse
un pas de danse main dans la main avec son enfant.
Dieu est tendresse et mouvance!

Fais de ma vie, Seigneur,
une action de grâce sans fin.

Seigneur, il est prêt de s'éteindre, ce lampion
que je suis. Le vent du temps souffle sur moi
avec tant de force! En ce matin froid, Seigneur,
allume-moi de ton feu d'amour, de vigueur,
renouvelé de vie intense.

Mon Dieu, ça fait plus de 2000 ans
que je m'ennuie de toi.
Je m'ennuie de ce Jésus si généreux et bon.

Je m'ennuie du Saint-Esprit, tendre lumière d'Amour
entre Dieu Père et Fils. Maranatha!

Seigneur, enseigne-moi à devenir ce que tu souhaites
que je sois pour ta plus grande gloire
et le salut du monde.

Apprenez-moi à mourir au monde, Seigneur.
Pour n'être, naître, qu'à vous seul.

Père du Ciel, que ta Présence en moi par l'Eucharistie
brûle mes froideurs, mes tiédeurs, mes sécheresses,
mes replis égoïstes, et m'enflamme tout à fait
au service de ton amour, de ta miséricorde.

Merci Seigneur de me pousser doucement
à m'accomplir en te suivant dans la réalisation
de ton plan d'amour. Mon agenda est entre tes mains.

Seigneur, tresse, pour y enfouir ta parole, au douillet
de mon cœur, un nid d'Amour et de Lumière.

Détache-moi de moi, Seigneur.
Je suis l'âne dont Dieu a besoin pour témoigner
de son amour pour le monde.

Seigneur, fais que je ne devienne jamais un tabernacle
vide et froid dans une église désaffectée.
Mais que ta lumière et ton feu en moi
ne s'éteignent jamais.

J'ai connu mille morts. Merci, Père du Ciel,
tu m'accoutumes aux passages.

Dieu parfois, comme pour les pommes,
attend que l'on tombe pour nous ramasser.

Notre palais attend toujours le nectar de Dieu.
Il est fait pour le recevoir, s'en réjouir dans
l'épanouissement des vertus. Mais on se contente
souvent trop longtemps d'insipides colas.

J'ai étouffé Dieu au cœur de mon cœur.
Oui, j'en ai eu peur!

L'unique grandeur de l'Homme
c'est d'être étincelle de Dieu, scintillante
et vouée à l'infini brasier de Lumière.

L'Amour, il faut en donner beaucoup
pour peut-être espérer en recevoir un peu.
C'est le sort de notre grand Dieu tout aimant!

Seigneur, donne-moi la joie de vivre la vie
que tu me donnes avec tant de bonté,
d'amour et de miséricorde.

Seigneur, rends-moi ivre de ton vin d'amour,
sang versé pour mon salut.

Seigneur, fais mourir l'éclair de convoitise de mon
regard. Allume plutôt la lumière de l'âme pure.

Seigneur, fais de moi lumière de Pentecôte
pour éclairer ceux et celles qui te cherchent
dans les ténèbres de leur vie.

Seigneur, fais de moi feu de Pentecôte pour réchauffer
les cœurs des personnes qui grelottent
de ton absence en s'entêtant à te repousser.

Seigneur, fais de moi une langue de feu brillante
pour annoncer ta parole,
ton salut à mes sœurs et à mes frères.

Seigneur, humblement, je souhaite
en t'accompagnant être des premiers pas
des nouveaux disciples et apôtres
pour claironner au monde ton salut.

Il me semble me retrouver
dans l'antichambre du palais de mon Roi.
Il m'attend et moi de même,
l'heure n'est pas encore venue.
Au mur, une horloge grand-père marque
les dernières mesures de mon temps d'homme.
Comme j'ai hâte d'être reçu!

La prière est comme un jardin secret fait de silence et
d'intériorité. Ce lieu du repos a mille portes à ce
jardin et chacun doit trouver la sienne.

En la Saint-Valentin

Et toi, Seigneur, Père et Géniteur d'Amour,
dispensateur de grâces, recevras-tu
quelques témoignages d'amour fervent
livrés par ton serviteur, Valentin?

Pourtant, jour après jour, tu nous combles de faveurs,
de tendresse et d'étreintes amoureuses
sur nuées brodées de fils d'arc-en-ciel.

Eh bien! Seigneur, ton serviteur et pécheur repentant
souhaite te redire son amour, sa relation privilégiée
avec toi et te réclamer une autre grâce de ton Fils.

Comme une frêle chandelle dans un courant d'air,
je m'éteins à la moindre brise. Seigneur, rallume vite
ton serviteur afin que ta lumière en lui rayonne
ton amour pour le monde.

Parce que ton cœur est trop lourd
pour que tes jambes le supportent.

Alors, tu rampes…

Parce que ton cœur est en Paix
son rythme régulier t'entraîne.

Alors, tu marches…

Parce que ton cœur est amour
il a des ailes, il est léger comme l'air.

Alors, tu voles…

Parce que ton cœur est en prière
il est déjà arrivé où tu espères.

Alors, tu vis…

Mutation

Quand vigueur te quitte… Il devient ta sève.
Quand pouvoir s'éloigne… Il devient ta puissance.
Lorsque tu perds l'aimé… Il devient l'amour.
Lorsque tu perds fortune… Il t'enrichit de ta pauvreté.
Quand ta santé s'évanouit… Il devient ton énergie.
Quand tes rejetons furtivement s'en vont…
    Il te redonne ton cœur d'enfant.
Lorsque tu perds ton ami… tes amis…
    Il devient ton intime.
Lorsque tu perds tes yeux… Il éclaire tes ténèbres.
Quand tu perds ton temps…
    Il le remplace par l'éternité.
Quand les rêves s'estompent…
    Il devient rayonnante réalité.
Lorsque enfin la vie s'écoule de toi…
    Il te transforme en infini.

Le berger

Le bas de la houppelande battant ses mollets, houlette bien serrée dans sa main calleuse, le berger s'avance d'un pas lent et régulier vers cette grotte à quelque distance du bourg natal du roi David.

L'air tremblote d'un je ne sais quoi d'étrange, de mystérieux.

Tout autour de lui, dans la pénombre, pastoureaux et pastourelles, attirés par la même lumière diffuse, cheminent vers les mêmes lieux.

Les cœurs s'attendrissent. Une chaleur toute douce enveloppe les premiers visiteurs du fils de Dieu naissant et couché dans une mangeoire.

Leur quête de bonheur, de paix, n'est-ce pas un peu la nôtre?

J'ai souhaité si fort être beau, grand et fort.
Petit, moche et faible est ma condition.
J'ai rêvé être riche, puissant.
Pauvre et quelconque je me retrouve.
J'ai voulu la notoriété
Mais la boîte aux lettres est vide.
J'ai formé l'espoir d'être populaire, entouré, adulé.
Seul, je suis au cœur d'un vide désolant.
Mais rêves, espoirs, souhaits,
Vouloirs sont comblés à l'Infini,
Par la Paix de mon cœur au jardin
de mon Dieu d'Amour!

Pour faire mourir la mort, il faut palpiter de la vie du Christ Ressuscité d'intense manière en crevant les murs des ténèbres pour enfin déboucher sur la lumière.

Pour les cœurs troublés par la tristesse de se sentir loin de toi, que se produise l'événement qui fera se rallumer la joie du baptisé et la foi de n'être plus jamais seul mais que Jésus est là tout près de toi et de ta croix en attente du soleil de Pâques.

Où m'amènes-tu Seigneur ?
L'homme apprend dans la mesure où il s'incline. L'humilité de l'intelligence est la mesure de sa grandeur.

Nous sommes presque à l'orée du règne de l'Amour. Alors nous serons témoins, ensemble, de la puissance d'Amour de Notre-Seigneur car il fera mourir la mort, se noyer les larmes, disparaître la nuit et les trous noirs de nos vies.

Seigneur, peux-tu me refuser cela? Au jour de mon trépas, je veux me réfugier entre tes bras, fermer les yeux en te disant bonsoir Père et les ouvrir aussitôt pour murmurer bonjour Papa. Peux-tu me refuser cela?

Ce jour que tu me donnes, mon Dieu, est le plus beau présent du monde. Enveloppe-le, je t'en prie, avec la tendresse de ton amour.

Faites Seigneur, que je trempe ma plume dans un liquide bleu ciel afin que tout concoure à hausser d'un cran le respect de mon propos sur mes semblables.

Entre la disparition progressive des éléments de plaisirs et l'arrivée des doux moments du bonheur mystique et de sa paix, il y a fréquemment de grands creux à combler par la prière, l'adoration et l'oblation.

Les chemins de conversion sont toujours éclairés par les feux de l'Esprit saint et mènent toujours à la joie pure.

Dieu, c'est le son et Lumière de mon cœur; je prie pour que chacune et chacun d'entre vous deveniez l'amadou dont jaillira la bougie d'allumage dans le crépitement d'un grand feu d'amour de Dieu et des autres dont chaque flamme sera dansante, différente, lumineuse.

Satan se bat contre l'abondance et la fécondité de la vie,
Avec des multi-infernales il rend stériles les grains de
provendes et les semences. Par manque d'espérance, par
égoïsme, les humains du Nord de la planète ne se repro-
duisent plus. La semence de vie coule comme jamais,
mais vers le néant et la mort des germes.

Au bout de ma nuit longue comme une vie,
je me revêtirai de l'aube pour fouler, pieds nus,
la terre sacrée, patrie de l'élu.
Béni soit Dieu, ici et au Sinaï.

Montagnes

Face à l'espace meurtrier du temps
brise douce caresse, en murmurant,
l'arbre qui accueille fraîcheur
et douce mouvance.
Lac du Nord, emmitouflé de montagnes
aux couleurs de feu d'octobre en Laurentie.
Frisson des vaguelettes déjà frileuses sous le vent.
Seigneur, face à tant de grâce, de beauté,
de paix, sois béni en ce premier jour d'automne!
Que chante en nos cœurs la joie d'arc-en-ciel
dont tu peins tes montagnes.
Sauraient-elles parler que, langues de feu,
elles témoigneraient de l'Esprit saint.
Couronnant le tout, maman Marie laisse entrevoir
le bleu de sa robe d'apparition sertie de nuages
immaculés.
Au ciel, je dis merci!

Reste avec nous Seigneur

Seigneur, nous t'avons suivi de Nazareth au Jourdain afin d'être présents à ton baptême par saint Jean Baptiste et nous avons besoin de te savoir tout près, car tu es Lumière et nous craignons les ombres…

Reste avec nous Seigneur…

En marche vers Cana avec ta Sainte Mère et tes disciples, nous avons tressailli en ta présence. Ayant appris que tu avais changé l'eau en vin, nous avons chanté la Gloire de ton Père.
Partage la joie des noces éternelles en restant avec nous dans une communion fraternelle.

Reste avec nous Seigneur…

À Jéricho, près de cet arbre où s'était réfugié Zachée pour mieux te voir, nous y étions aussi et tu nous as invité à partager le repas de tes nouveaux amis. Ne pars pas Seigneur, car il faut que tu restes avec nous, nous avons faim de conversion car la Sainteté est notre vocation.

Reste avec nous Seigneur…

Il est si tard, il fait si sombre à certains tournants tragiques de nos vies, que nous croyons t'avoir perdu dans les tournants à l'angle de nos murs de peine. Seigneur, il fait si noir et si tard.

Reste avec nous Seigneur…

Près de la mer de Galilée, où tu as choisi tes apôtres, nous étions là et tu les fis pêcheurs d'hommes. Parfois Seigneur nous rampons, relève-nous, ne pars pas… nous t'adorons.

Reste avec nous Seigneur…

Nous nous sommes pressés près du tombeau de Lazare à Béthanie, pour assister au retour à la vie de ton ami, par la puissance de ta prière. Seigneur, ne nous quitte pas car il est bon de parcourir avec toi les chemins de la vie avec nos sœurs et nos frères.

Reste avec nous Seigneur…

À Gethsémani, c'est nous qui t'avons abandonné, avec les apôtres, en n'ayant pas le courage de prier et de veiller avec toi. Pardonne-nous cette offense et, Seigneur, attarde-toi, nous sommes si pauvres de temps et toi, ta durée, c'est l'Éternité.

Reste avec nous Seigneur…

Au tombeau, nous avons vu poindre l'aurore des temps nouveaux, éblouis par le soleil de Pâques. À jamais Seigneur, tu as vaincu la mort, afin que l'on vive de ta vie à jamais.

Reste avec nous Seigneur…

jusqu'au jour de ton retour!

À *fleur de Dieu*

Entendre que tu m'aimes, Seigneur,
au son de la vague qui se répand sur la plage
de sable blond.
Rayonner de ton amour, Seigneur,
dans chaque élément de lumière, de chaleur,
de bien-être, émanant de ton soleil.
Humer ton amour, Seigneur,
près de ton océan exhalant parfums d'iode,
de varech, de raisins de mer.
S'enchanter de ton amour, Seigneur,
par le chant de tes oiseaux du paradis
où tu m'attends.
Goûter ton amour, Seigneur,
par l'aimant de ta bonté, ta miséricorde,
près de toi en oraison.
Toucher ton amour, Seigneur,
par l'amitié des autres et l'affection que tu glisses
dans mon cœur pour mes frères humains.
Voilà des pensées de Résurrection. Merci Seigneur!

Coulée

Je vis le printemps, d'un bourgeon à l'autre.
Je me laisse inonder par cette douce caresse
de vent chaud qui tourne et retourne
autour des lilas en leur murmurant
de faire des fleurs grappes.
Timides, les fougères à tête de violon
jouent un concerto lumineux
avec les rayons du soleil de mai.
Gloire à Dieu au plus haut des cieux!

Les éternelles noces de Cana

Dieu ne fait pas les choses à moitié.
Quel volume extraordinaire de vin à Cana,
au mariage de Benjamin Ben David et Rébecca!
Le premier miracle : défoncer les limites du connu,
changer l'eau en vin, en présence des apôtres,
de dame Marie, des disciples.
Une noce où deux personnes s'unissent
pour seconder Dieu en se multipliant
afin que naisse la vie, ce qu'il y a de plus humain
sur cette terre.
Le maître de la noce, car les convives étaient
plus nombreux que prévu, avait sous-estimé
la soif des invités au banquet.
Seigneur, tu changes la fadeur de l'eau afin que j'étanche
cette soif dévorante de Bon, de Beau, de Grand
qui devient Sang de Rédemption par ta Grâce
et vin des noces éternelles.

Rimaillures

Le temps s'accélère.
Le manège tourne à train d'enfer.
Et pour détruire notre terre,
nos savants ont découvert
le secret de la fission nucléaire.
Plusieurs se roulent dans les hiers,
blasphémant les noms de leurs pères et mères
pour avoir laissé se polluer les frayères.
Et toujours le temps s'accélère.
Sans trêve, ni repos, la course aux chimères
agite l'inconnu, l'ami, le frère.
Mais, grâce à notre Père,
des ténèbres, survient la lumière.

Miroir

Seigneur, fais de moi, je t'en prie,
ce que tu veux que je devienne.
Afin qu'avec toi, avec humilité et délicatesse,
je devienne un témoin miroir
de ton amour miséricordieux pour mes sœurs
et frères, en leur rappelant, avec lumière et clarté,
leur baptême en ta Sainte Trinité.

Ma vie offerte

Grand Dieu d'Abraham, de Jacob, de David, d'Isaïe et d'Israël, prends ma vie, elle t'appartient.

Seigneur Jésus Christ, si présent à chaque instant de mon existence, je t'abandonne le bâtir de mon avenir, qu'il devienne le tien.

Esprit saint, Esprit d'Amour, en toi je veux que se perdent mes pensées, mes rêves, mes agirs. Que ma seule richesse soit d'être à toi.

Père, Fils et Esprit saint. Vivre avec passion, c'est mourir à mes désirs.

Prends pitié

Seigneur, c'est la nuit.
Éveillé, je prie.
Plusieurs de tes enfants sont à l'agonie.
À la barre du jour, leur vie sera finie.
Seigneur, l'aube se lève.
Pour ces personnes, que leur Saint Baptême
les imprègne de ton amour, afin que la lueur
de leur foi leur permette de renaître dans l'éclatante
blancheur de ta Transfiguration
et l'éblouissante lumière de ta Résurrection.
Seigneur, il fait jour.
J'ai confiance en ton amour.
Exauce ma prière aujourd'hui et toujours.

Invocations pour la célébration d'un mariage

Seigneur, nous te prions de bénir notre union
par la croissance en ta volonté
et la grâce de devenir parents.
Dans ton humilité, Père du Ciel,
Tu attends notre consentement
afin de faire surgir la vie.
Rends-nous conscients et responsables
de la vie sous toutes ses formes.

Seigneur, exauce-nous…

Seigneur donne-nous la foi tranquille de nos ancêtres
afin que s'épanouisse en nos bras la chair
de notre chair
par l'entrée en l'Église de notre enfant par le baptême.

Seigneur, exauce nous…

Seigneur, avec ferveur, nous te demandons de nous
créer couple tout en conservant les caractères propres
de chacun. Ainsi Père, Fils et Esprit, comme dans la
Sainte Trinité, veuillez nous recréer trois entités ne
formant qu'une unité, soit l'homme, la femme, le
couple solide que nous souhaitons.

Seigneur, exauce-nous…

Seigneur, notre monde a besoin d'être témoin
de l'Amour. Que chaque jour nous soyons rayons
de ta lumière afin que revienne la foi en l'amour,
la confiance en Toi, qui est l'Amour…

Seigneur, exauce-nous…

Père, nous vivons notre siècle.
Donne-nous la grâce de savoir accepter
d'occuper le temps et l'espace
en grandissant près de toi.
Seigneur, exauce-nous…
Enfin, avec ta mère, la Vierge Marie,
et Joseph, ton Père nourricier,
nous te prions en la Sainte Famille
de nous bénir de même que l'assemblée
de nos parents et amis
en nous réjouissant de ton amour.

Seigneur, exauce-nous…

Trinité sainte, faites que notre conscience s'élargisse
aux limites de l'univers,
afin que notre capacité d'aimer dépasse l'Amour,
que notre capacité de croire dépasse la Foi,
que notre richesse d'espoir surpasse l'Éspérance.
Oui, Seigneur, ta parole est tout aussi présente
et vivante aux temps actuels.
Nous t'en prions, inspire-nous d'en vivre.

Seigneur, exauce-nous…

Seigneur, tu nous rassembles en l'Église
pour fêter l'amour.
Que notre grimpée avec Toi, vers Toi,
soit signe de permanence de notre foi en l'un
et l'autre et de notre espérance de déposer un jour,
à tes pieds et en pleine lumière, cet amour humain

que tu as fait naître en nos cœurs.
Seigneur, exauce-nous…
Père, conscients que tout sur la terre
est marqué par l'éphémère,
nous te prions de nous inspirer la vie avec Toi
afin qu'au creux de notre amour
l'éternité se glisse un peu plus chaque jour.

Seigneur, exauce-nous…

Via Dolorosa

Seigneur, tes pieds cloués à la croix m'invitent à marcher en portant la mienne.

Seigneur, ta tête couronnée d'épines, pour que je devienne sourd à l'éloge des humains.

Seigneur, tes bras ouverts pour accueillir les malades du cœur et du corps afin que je sois ouvert à la clémence, à la compassion, à l'amour.

Seigneur, ta tête adorable levée vers le Ciel, pour m'inciter à toujours regarder plus haut pour y trouver «mon Père et le Tien».

Seigneur, ton côté transpercé laisse couler l'eau de la grâce sanctifiante afin que jamais je ne devienne un puits tari.

Seigneur, élevé sur le bois de la croix, afin que je m'élève toujours au-delà de mon petit moi.

Boules de neige

Seigneur, j'ose croire ne pas t'offenser, tu m'as préparé une si belle place au Ciel, mais j'aimerais tant ne pas oublier les couleurs de tes levers et couchers de soleil, de tes aurores boréales, mêlées de teintes turquoise et bleutées, du vol éclair du colibri vers la corolle d'une fleur écarlate, du scintillement des diamants glacés dans les arbres couverts de givre, des éclairs de joie que s'échangent les cristaux de neige des champs avec ton soleil éclatant de lumière et la grâce délicate de tes étoiles brillant en cascade sur fond de ciel velours.

Seigneur, je t'aime, en suivant la course de la biche à l'orée du bois, en humant l'arôme d'une pomme mûre, en frémissant du chant du ruisseau si fier, au printemps, de se libérer de la glace toute pure. Imaginer une truite se prélassant près d'une pierre moussue à quelques coudées de la surface de l'onde.

Seigneur, s'il te plaît, en plus des extases célestes, laisse-moi me souvenir de ce monde que tu as fait si beau pour les yeux que toi-même as ouverts afin de t'adorer à travers l'œuvre de la création.

Béni sois-tu, Libérateur et Créateur de toutes choses!

✠

Purs comme cheveux de chérubins

Bourgeons nouveaux.
C'est toi, Seigneur, mon printemps.
Tu fais reverdir mon espérance
et fais refleurir ma foi.
Tout étant d'un bleu profond,
celui de Dieu, un bleu à laver les péchés,
un bleu nuit qui enfante
l'aurore d'un nouveau jour.

✠

Je connais un monastère en lointaine Acadie qui est si loin de tous mes ailleurs et si près de tous mes alentours.

Je pleure tous les Dédé Fortin de mon pays qui se sont enlevés la vie parce que leurs parents et amis ont oublié de leur confier que Dieu les aimait.

Il serait vraiment emballant d'écrire comme dansent les rayons de soleil, filtrés par les vitraux des cathédrales jeunes de tant de siècles, et tracer dans les vastes espaces des transepts et des nefs, des arabesques qui tantôt caressent les pieds du crucifix, une seconde plus tard un coin de confessionnal, un instant fugitif la tête d'une vieille implorant la Vierge d'exaucer sa prière et qui enlumineraient le sol de couleurs chatoyantes et dansantes.

Le charbon ardent d'Isaïe pour purifier des lèvres, c'est par l'amour pur et miséricordieux provenant du fond de l'âme par le Ressuscité et Vivant Jésus nettoyant les lèvres du pêcheur lors de sa prière fervente.

Le monde est mystère et riche de fluides célestes plus réels que celui en lequel nous vivons.

Seigneur, je t'en prie, fais que, suite à ma dernière heure et à mon évasion de la prison temps subie lors de mon séjour d'exilé ici-bas, j'accède aussitôt à la liberté totale de tes enfants en ton amoureuse présence.

L'heure de Dieu se produit toujours tel un diamant de valeur infinie que l'on n'attendait presque plus en nous irradiant de sa Lumière. On découvre un jour qu'il était caché dans l'écrin de nos prières.

En râlant sa souffrance, au pied de la Croix, l'humanité se réengendre pour un nouvel âge de son histoire, celui du Soleil de Pâques !

Il m'arrive de souhaiter passer de la vie à la mort avec, comme dernier mot, le murmure léger de la brise passant au travers les branches des grands pins bordant ma rivière.

Seigneur, je te prie pour toutes les personnes qui ont fait une croix sur laquelle tu es mort afin de leur ouvrir le royaume si elles ont la foi en ton amour miséricordieux quelles que soient leurs offenses.

Le couple uni imagine et dessine la future union de l'homme et de son créateur.

Un beau navire tout blanc ouvrait un sillage dans une mer d'immondices. Ses voiles déployées tracent dans les nuages des lignes toutes lumineuses. De plus, sa voilure avait allure d'ailes déployées d'albatros géant.

Un jour, la mer océane reprendra sa pureté originale car le maître à bord du Grand Voilier aura, d'un geste de bénédiction, purifié et la mer et les créatures qui habitent les îles lointaines.

Les fous et les saints ont ceci en commun. Ils se foutent du lendemain. Ils sont certains que le Seigneur en prend soin.

Je laisserai de côté, un jour, ce corps pour lequel j'ai eu tant d'égards. Je le croyais immortel, mais la hâte pour moi depuis que je sais, c'est de voyager sur les ailes de mon âme, laquelle est bien préparée pour le ciel.

Frisson

Silence des âmes en communion.
Pureté de lumière sans que bruit ne se produise…
Mort du son afin que s'allume le langage du cœur….
Profonde émotion, spirituelle ou mystique,
crée le frisson et fait jaillir les larmes.
Alors apparaît le bout du nez de notre cœur d'enfant,
à la suite de l'éclatement du vieux cœur de pierre.
Vive Jésus et sa capacité de nous changer pour la plus
grande gloire de son Père et le salut du monde!

Peau d'âme

Et vient le jour ou le grand soir de l'ultime libération,
et voilà la chair qui se cabre, se révolte, monte à l'assaut
de l'Esprit. Comme elle est sûre de sa victoire, cette
peau! Elle a si souvent vaincu l'être spirituel en cours
de vie, mais peu à peu, elle faiblit, elle tiédit, elle refroidit.
Elle est vaincue, la chair, dans son ultime combat et
l'âme enfin libre, quitte ce monde fini pour l'infini
jusqu'au jour où esprit et chair enfin réconciliés vivront
la paix éternelle.

Astre bijou

L'Éternité se laisse surprendre par la sculpture du temps taillée en lignes fluides, évanescentes, souvent noires ténèbres, parfois lumière immaculée.

Nous croyons l'étoile enjolivée de pointes plus ou moins égales comme cristal de neige.

Elle est tout autre, et c'est au travers du prisme de l'œil que nous la voyons scintiller d'une année-lumière à l'autre, en route vers nous.

Elle n'est claire et visible que rayonnante du soleil d'une lointaine galaxie… et vous aussi!

Bleuets d'azur

Le bon Dieu, de son beau ciel, nous envoie à profusion des fleurs de son jardin d'étoiles que l'on nomme papillons, merles, hirondelles, tourterelles.

Lumières et bénédictions, plantes que l'on nomme soleils, toujours tournées vers l'astre de feu comme les anges vers le créateur, Dieu fait pousser de toutes petites fleurs bleues pour que l'amour se réapprenne.

Diamant

Dieu est Dieu et ne souffre aucune comparaison.

Mais ayant voulu que son Fils unique, Jésus, devienne l'un de nous, tout incomparable qu'Il soit, Il permet au poète, par son Esprit saint, d'imaginer ce Dieu de l'infini comme un diamant créé de myriades d'étoiles agglutinées par sa puissance, dont les milliards de facettes tournent sans fin, sous le soleil de la Foi, afin que chacune de ses créatures, à tous les temps du monde, soit consciente du rayonnement de la tendresse, de la lumière de son amour. Mais chacun des rayons ne convient qu'à la créature à laquelle il est destiné.

Église

L'amour de ta maison est devenu cause de mon tourment. C'est Toi, Seigneur, qui a insufflé cet amour en moi. Ta maison, Seigneur, demeure en moi.

C'est l'Église fondée par Toi.

C'est la Jérusalem céleste toute prête à descendre des cieux.

Ce devenir, c'est Toi encore qui l'a créé.

Mon tourment, c'est le grand feu d'amour, de justice, de vérité, de paix, qu'il te tarde d'allumer et dont je voudrais être un peu l'amadou.

Notre monde souffre de toutes parts. Où donc le véritable amour est-il parti?

Entre quelles voies astrales danse-t-il sa ronde folle?

Sur quel souffle d'espace s'éloigne-t-il de la planète si bleue, si belle?

Un Roi Mage l'a retrouvé en fouillant le ciel de sa lunette d'espoir.

Oui, au-dessus d'une crèche où gazouille et sourit aux anges Dieu fait homme. L'amour reviendra sur les pointes d'une étoile tout heureuse de la ramener sur la terre des hommes.

Larme

Elles étaient si jolies les étoiles accrochées
aux branches nues de ce bouleau grelottant d'hiver.
Le monde passait, mais peu levaient la tête
pour contempler cet arbre de Noël constellé
de lumières venues d'ailleurs.
Dieu était triste que si peu de ses enfants
prennent la peine d'apprécier si beau cadeau
en portant leur regard au-delà de leur moi.
Une larme tombe, coule sur sa joue,
traverse la belle barbe toute blanche,
devient la voie lactée.
Un peu plus de spectacles d'univers
les ramèneront-ils à la beauté qui n'est jamais
qu'un miroir d'âme en paix?

✝

Source

Oui, il est là, le Seigneur, quelque part au coin
du temps, qu'il abolira comme le mal et la mort.
Sa parole est parvenue aux extrémités de la terre.
Le chœur des anges et la cohorte des élus
sont en liesse, car l'espace ne sera occupé
que par l'amour. Alléluia! Hosanna au plus haut
des cieux! Tout son grand plan d'amour
pour le monde sera réalisé. Maranatha!
Il faut savoir crier au meurtre lorsque Satan
attaque insidieusement notre âme.
Morsure, blessure, meurtrissure de l'ange des ténèbres
est vite guérie par le don du Ciel, l'Eucharistie.
Maman Marie est là aussi, tout près, avec son balai
de cheveux d'anges, afin de protéger la vie
de son Fils au cœur de nos cœurs.
Que monte l'allégresse! Que chante la vie!
car l'espoir est plus fort que la désespérance,
quand la conscience est habitée
par Dieu et sa mère.

✝

Quelle grâce de partir un peu avant de mourir.

Il faut que le persécuté aime le persécuteur au-delà de la persécution.

La Foi commande de planter des immortelles au temps des éphémères.

Nous sommes tous pécheurs.
Le drame est que nous ne faisons
pas tous les mêmes péchés,
au même moment.
Gare à notre clémence envers nous
et à la charge pour l'autre!

To be or...
Si Dieu n'est pas,
pourquoi une âme?
Écrin d'amour, de haine,
d'élans d'infini et de temps?
L'agnostique a la mort dans l'âme.
Comme je le comprends.

Une langue toute neuve, farcie d'expression du cru et de la rue, transformerait ma prière, en me portant à écrire ou à prier. Je craque pour toi mon Dieu! La paix de ton Esprit Saint, c'est *cool au boutte*! Je m'éclate en actions de grâces suite à ta passion et à ta Résurrection!

AQUARELLES

En train d'écrire, je me lève, j'ouvre une fenêtre
afin d'aérer. Le vent passe, les feuillets noircis
de mots s'envolent vers les personnes que j'aime.

Un oiseau en prend un dans son bec, un rayon
de soleil sert de monture à l'autre, la pluie efface
les ponctuations du dernier. La brise me souffle
à l'oreille «n'écris plus que dans les courants d'air».

Vague à l'âme

Le frileux soleil de décembre, en robe de duvet de nuages tout blancs, pleurait sa peine d'être tout seul et si loin du Noël des hommes.

Ses chaudes larmes se transformaient en perles aux eaux pures, pour ruisseler ensuite en pluie d'or sur le sol immaculé enrobé de neige.

Au loin, près des frontières d'une galaxie, une étoile brillait si fort qu'il en était jaloux. Serais-je arrivé au temps de la retraite, un soleil plus jeune serait-il déjà prêt à me remplacer?

Bougonnant, pleurant, il se leva, se coucha, quelques jours encore pour se retrouver la veille du grand jour.

Rien de bien distrayant, sauf que l'étoile, sa rivale, bougeait à l'horizon, se dirigeant vers quelque rendez-vous.

Mais cette nuit, faite de mystère, s'achevait. Des chants, les chœurs des anges, rien de moins, invitaient bergers et pauvres gens, près d'une crèche creusée à même un énorme rocher.

Sur la pointe des rayons à l'aube, il s'approche, frappé de bonheur : il danse une sarabande à son Créateur, et la lumière fut et il connut renaissance.

Au concert

Un pianiste virtuose, un orchestre symphonique dont les membres baignent dans l'aura de Mozart, voilà la mise en scène.

L'orchestre dialogue avec le soliste aux dernières lueurs du jour. Le crépuscule s'avance à pas de loup, orchestre, piano et chœurs d'oiseaux s'épousent.

L'amphithéâtre, une cathédrale bâtie sur des colonnes pour la récolte des harmonies, des semailles géniales du Maître de Salzbourg.

Les notes s'échappent du piano comme des papillons ivres de tant de beauté. La scène est d'une telle grandeur que le sacré envahit le cœur et elle est si belle que seule une clef de sol peut en ouvrir les grandes portes.

Violons, altos, cuivres, cymbales, contrebasses, sont toiles de fond de ce son et lumière aux dernières flambées du jour.

Je crois en l'avenir quand le présent s'éparpille vers le ciel en fines perles de notes aussi lumineuses que des gouttes d'eau s'évadant de la source dans un rayon de soleil d'été en se fracassant sur les galets vêtus de mousse fraîche.

Le vent

D'aussi loin que l'oubli, les volutes d'air en mouvement naissaient des montagnes de glace cheminant sur l'océan, se gorgeaient des vapeurs des geysers bouillants. Prenant alors leur élan, elles approchaient à toutes volutes sur l'Europe assoupie.

Avant d'aborder le continent, le vent décida d'inviter ses amis à former chorale pour créer un chant des côtes déchiquetées du pays où vivent les Ibères.

Aussitôt l'air accourt suivi de la brise, du Nordet, du mistral, des cousins courant d'air, pour la première pratique de cet ensemble aussi aéré que bien né.

Qui peut mieux que le vent faire tourner les sons par les ouvertures des cheminées?

Provenant des confins du cosmos et quelques années-lumière de plus, d'autres nuées accourent sur les ailes de l'ouragan solaire.

Un premier chant lugubre des trous si noirs et profonds de lointaines galaxies. Mais au couplet suivant, tintent clochettes, carillons et grelots et quelques cloches toutes gaillardes d'égrener leurs sons joyeux aux quatre coins du temps. Éole fou, debout à l'étrave de la nef des rêves, fermait le charmant cortège. Comme je suis ravi de toi, maestro Vent, de pousser sur le temps afin qu'il devienne l'Avent d'une ère d'Amour.

Déjeuner sur le sable *(Jean 21,1-14)*

Une lueur diffuse se profile à l'horizon. Une brume légère toute de dentelles caresse l'onde de la mer de Galilée.

Au large, une barque avance lentement, traînée par une voile à peine caressée par le vent. Quelques hommes rompus de fatigue affalés sur les bancs mouillés sommeillaient, crevés d'avoir à tant de reprises lancé et relevé le filet sans rien prendre.

Seul le clapotis des vagues courtes sur l'étrave dérangeait le silence lourd des rentrées bredouilles.

Plus loin, un promeneur solitaire arpente la grève aux gros cailloux gris et plats. Soudain, il s'arrête, fait quelques pas dans la rosée du matin, ramasse quelques fagots de bois, revient au bord et allume un feu en scrutant l'horizon lointain.

Bientôt crépite une flamme joyeuse et les étincelles tournoient en éclairant le matin calme. Le lourd bateau enfin était à portée de voix : «Les enfants, auriez-vous un peu de poisson?»

Aussitôt reconnu par sa voix, le disciple que Jésus aimait dit à Pierre: «le patron pêcheur, c'est le Seigneur!».

Dès lors, tout se passa très vite. À la suggestion pressante de Jésus Ressuscité, la pêche devient miraculeuse, l'abondance est au rendez-vous et sur la plage encore endormie, le fils de Dieu sert à ses enfants un petit déjeuner, le plus délicieux jamais pris par les hommes.

(...)

Un fumet de poisson et de pain grillé embaume l'air ambiant.

La Paix environne la scène, et ces hommes rudes qui demain propageront dans le monde la bonne nouvelle du Salut se restaurent en silence autour du maître de l'univers.

Et les étoiles pleuraient de joie...

À la mi-août, il n'y a pas que les chats qui miaulent à la lune! Se peut-il qu'il y ait aussi des étoiles qui fassent des pointes en pâlissant d'ennui?

Oui, et pour guérir de leur neurasthénie, une famille d'astres, couleur d'arc-en-ciel, décide d'entreprendre un voyage vers un point quelconque de l'univers.

L'exotisme aidant, ces étoiles optent pour une lointaine planète, infini grain de sable astral à 777 milliards d'années-lumière de leur galaxie au doux nom de Miraga, jamais encore découverte, ni par les astronomes aux calculs savants, aux télescopes puissants, ni par les poètes toujours prêts, ceux-là, à créer des fleurs fantastiques, des bêtes fabuleuses ou des bougies dans des firmaments imaginaires.

Il n'y a pas de saison aux pays des étoiles. On décida de faire coïncider l'arrivée à destination à peu près à la demie de l'année terrestre.

La décision fut prise de voyager par la pensée et de se miniaturiser au maximum afin de ne pas apeurer les Terriens si craintifs de tout ce qu'ils ignorent. L'itinéraire soumis par l'instigatrice du voyage fit l'unanimité, surtout pour folâtrer un peu dans la Grande Ourse, y jouer aux quatre coins et s'engager résolument sur le dernier parcours de la voie lactée avec arrêt sur la lune afin d'observer la planète de destination.

Les étoiles ont des vues perçantes. D'un commun accord, elles optent pour se sertir sur les bords d'un lac des Laurentides aux dernières heures d'un jour de terre afin de recouvrer leurs forces stellaires et briller durant la veillée et la nuit.

C'est ainsi que traversant un nuage moelleux d'où s'échappaient des écharpes de brume, elles se glissent sur les plages, les rochers, les toits, les arbres, les collines pour se refléter en paillettes d'argent à la surface de la pièce d'eau.

Une à une, à la tombée du jour, entre chien et loup, elles s'allument comme des lumignons usinés par les hommes. Elles doivent demeurer immobiles pour ne pas révéler leur présence, mais leurs pointes tressaillent en voyant leurs semblables filantes strier le ciel, laissant un sillage de poussière derrière elles.

Tapies dans l'ombre, elles observent… leurs minuscules mais puissantes antennes fouillent les cœurs et les lieux, mais frissonnent et se désolent de rencontrer si peu de chaleur, de bonté, d'amour.

Ici et là, une risette d'enfant, une caresse esquissée, une obole donnée à un pauvre; de fait, quelques signes de joie, de tendresse, mais tant de froideur, d'indifférence, de solitude.

(…)

Avisant une lumière clignotante qui vient près d'elle, une étoile l'approche et lui demande :

— Qui es-tu? D'où viens-tu?

— Je suis une luciole et je passe ici ma vie. Que veux-tu savoir?

— Pourquoi fait-il si froid au sein des êtres d'ici?

— Ils ont perdu la recette d'aimer. Le vent froid de la solitude et de l'égoïsme est leur souffle de vie. La terre, jardin de vie, est devenue lieu de désolation, de destruction.

Mais déjà la nuit s'éclaire à l'horizon d'une bande de lumière orangée et les étoiles se dégagent de l'écrin où elles ont passé la nuit. D'un vol gracieux, elles repartent, tristes et malheureuses d'avoir appris la misère du monde.

La pensée s'accélérait pour retourner à Miraga au plut tôt, mais soudain l'étoile de tête ralentit, s'arrête et ses compagnes aussi. Un immense cône de lumière bleutée cachait une grande partie du ciel.

Du centre, on pouvait entendre un concert de voix célestes. Tressaillant de joie et de bonheur, elles assistent, des confins de l'univers, au retour de l'Amour, de la Paix, de la Joie sur la planète qu'elles venaient de quitter.

Elles repartent aussitôt pour leur galaxie afin d'illuminer la nuit de Noël et fêter sur l'étoile du Berger. Quelques larmes perlent de leurs pointes et tombent en rosée de joie sur la terre!

Paix sur terre aux hommes de bonne volonté!

La Dame et l'Ange

Un ange, en mission sur terre, passe devant un grand jardin et sur un banc près d'un bosquet, il reconnaît la mort, la grande faucheuse.

— Ah! Bien le bonjour, madame la Mort, toujours aussi occupée?

— Oui, mais moins ici qu'ailleurs. De fait, mes journées sont assez bien remplies. Et que dire de mes nuits! Depuis une semaine, j'ai parfois une heure ou deux avant le prochain… j'en profite pour observer mes futurs sujets de travail, comment ils vivent en m'ignorant froidement pour la plupart.

Mais toi, l'Ange, comment t'arranges-tu? Peu de gens, à ce que je sache, croient encore en tes bons et loyaux services.

— Hélas, oui, ma mission, justement, consiste à retrouver une dame d'un certain âge qui a prié Dieu de confier son petit-fils au meilleur ange qui soit. Je dois la retrouver afin d'assumer mon rôle de gardien de l'enfant. Mais dis-moi, la mort, à quelle heure et qui frapperas-tu?

— C'est là. Au dernier étage de cette maison dans une heure environ.

L'ange regarde et saisit que c'est là que demeure la grand-mère du petit qu'il doit protéger. Il décide alors de convaincre la mort de repasser beaucoup plus tard,

(…)

car cette dame a encore tant à faire pour que règne l'amour ici-bas.

— Voilà, dame la Mort, tu vas passer tout droit, car tu sais, cette dame en aide une autre sur le même étage qu'elle. Tous les matins elle est à la messe et travaille à l'ouvroir des religieuses du couvent de la ville. L'après-midi, elle reprise et répare les vêtements pour les pauvres de sa paroisse. Souvent, elle va chez sa fille, aider son petit-fils à faire ses devoirs et l'initie à la parole de Dieu.

Avec sa voiture, elle amène à l'église pour la messe quotidienne un vieux monsieur arthritique qu'elle ramène ensuite chez lui.

De plus, elle ne cesse de prier pour la conversion des pécheurs, la montée au paradis des âmes du Purgatoire, pour les malades et tes victimes, les agonisants.

La faucheuse, la mort dans l'âme, quitte alors son banc et disparaît dans la brume d'un soir d'automne, oubliant pour quelque temps notre bonne grand-maman.

L'ange s'occupe bien de son petit-enfant. Vive la vie !

Ite Missa Est!

— J'irai vers l'autel de Dieu, du Dieu qui réjouit ma jeunesse!

Le vieux curé gravit péniblement les marches du maître-autel. Lever une à une ses faibles jambes lui demande déjà un effort considérable mais lentement il arrive en haut des marches afin de baiser la nappe blanche, immaculée, empesée de frais par les carmélites du couvent voisin.

Se penchant, il ressent au dos une douleur lancinante. L'arthrite faisait des siennes sans doute. Un genou à terre, il accomplit ce pieux exercice et se relève en se tenant d'une main à l'autel. D'une voix frêle, il lance à la foule :

— Le Seigneur soit avec vous!

En son esprit se lève un doute :

— Dieu est-il encore avec moi? Ne suis-je pas oublié du calendrier?

Il chasse aussitôt cette pensée pour se concentrer et lire la prière d'ouverture qui suit le Confiteor. Oui, ses péchés, ses désirs, ses égoïsmes, ses jugements sans appel, la fermeture de son cœur, ses excès dans le boire et le manger… *Seigneur, prends pitié! Ô Christ, prends pitié!*

Pour avoir retardé d'arracher à sa chair le dard de la passion de l'être seul, sans compagne avec laquelle partager le poids du jour… *Seigneur, prends pitié!*

(…)

97

Un sourire éclaire furtivement les lèvres du vieillard lorsqu'il entonne d'une voix chevrotante : *Gloria in Excelsis Deo*. Pouvoir oublier sa misère au cœur d'un chant à la gloire de Dieu. *Merci Seigneur!*

De la lettre de saint Paul, il écoute le lecteur pieusement, sentant son corps plus lourd que jamais. Inquiet d'une chaleur inhabituelle dans la région du thorax, une pinçade, une flèche assaille son vieux cœur et ses artères.

Avec énormément d'efforts, il se relève pour chanter l'Alléluia et demander au Père du Ciel de purifier son cœur et ses lèvres afin d'annoncer dignement et purement la Bonne Nouvelle selon un des quatre scribes de Dieu, qui sous la mouvance de l'Esprit saint ont accepté la transmission du message du Christ ce jour-là.

Pas d'homélie. L'offertoire dépasse de beaucoup le don rituel. C'est sa propre vie qu'il sent se retirer de lui et qu'il offre à son Seigneur… *Béni soit Dieu, maintenant et pour toujours!*

Le servant de messe lui offre le vaisseau pour recueillir l'eau de purification qu'il fait couler sur les doigts noueux du vieux prêtre… *Oui, Seigneur, lave-moi de mes fautes, purifie-moi de mon péché.*

Nous voilà à la veille de ce passage du sanctuaire des hommes au temple du Seigneur : la Consécration, le Mémorial du Jeudi saint. Il se remémore soudain ce que Dieu demande à Moïse : *Ôte tes sandales, car tu foules une terre sacrée…* Et, *Saint! Saint! Saint!* d'une voix

(…)

éraillée mais encore audible – *Béni soit Celui qui vient au nom du Seigneur! Hosanna! Alléluia!*

Déjà la porte du Ciel s'entrouvre pour laisser couler une lampée de lumière toute chaude afin de conforter le cœur du Consacré. Prières du fond du cœur, du fond de l'âme, Memento des vivants, des défunts, ses grands-parents, sa mère et les autres fleurs de ce jardin familial où sa vocation s'est épanouie entre deux crises d'adolescence.

Notre Père… oui… ses vieilles rotules ont peine à le retenir. D'une main tremblante, il se tient accroché à l'autel de Dieu, de ce Dieu de sa joie et d'une nouvelle jeunesse qui filtre avec une coulée de lueur bleue au travers du vitrail de la Vierge à l'Enfant.

Le souffle se fait plus court, la respiration sifflante. Sa poitrine est oppressée – *Agneau de Dieu… pends pitié de moi!*

Étrange… la douleur est lointaine, une paix de plus en plus profonde le submerge… l'inonde…et voilà qu'il doit quitter l'autel pour aller vers le fauteuil à la droite de celui-ci.

Il tombe à genoux… les mains du Consacré battent l'air… il étouffe, mais il ne ressent que peu de mal.

Sa tête roule sur le siège du fauteuil et, du vitrail de la Vierge, descend Jésus, tout souriant, pour lui prendre la main et le conduire vers ce Paradis où jamais ne cesse la SAINTE MESSE! *Ite Missa Est!*

Le pilote et son coucou

L'oiseau d'acier est immobile. Il retient son souffle à la lisière de la forêt québécoise. Seul le clapotis des vagues se heurtant sur les cylindres, lui servant de pattes, brise le silence, où la nature, la machine et l'homme s'observent avant l'élan. Le pilote prépare le vol, scrute d'un œil de faucon les entrailles du totem métallisé.

Ses mains s'agitent. Ses doigts courent sur le tableau de bord pour les dernières vérifications et contrôles. C'est un pianiste de concert avant le lever du rideau sacrifiant à quelques rites magiques dont la naissance effleure l'orée du 20e siècle. Voilure, gouvernail, ailerons n'ont qu'à bien se tenir, l'être les a bien en main.

Soudain, il anime l'oiseau d'un jet de pétrole. Il veut fendre l'air avec l'essence même de la terre. Peu à peu, traîné par la puissance de l'engin rugissant, l'albatros se glisse sur les vagues du vent. L'aviateur fait corps avec l'oiseau, ses mains tripotent les entrailles palpitantes.

Le nez se lève, l'œil de l'homme est rivé sur le firmament. Il monte, il grimpe. Le vent souffle dans la voilure et l'œil ne voit toujours que le ciel qui s'avance. Son souhait : que le temps s'arrête, que l'espace lui appartienne, que l'étoile lui devienne abordable.

Dans le ronron du moteur qui assourdit, le matelot du rêve ailé a oublié sa misère de rampant. L'altimètre qu'il consulte le rend superbe en scrutant d'une vue d'ange la terre qui se rapetisse sous ses bras rivés aux commandes, sous ses ailes qui le portent vers l'infini.

(...)

Pilote aviateur, homme mon frère, oublie pour un instant que la vie te commande de revenir, à bout de course, rejoindre tes rampants semblables. Dans ta folle chimère, sache que c'est la mort qui permet le vol éternel. Tes commandes, tu les tiens. N'oublie jamais que tu ne commandes rien.

La bouée et le voilier

Le matin s'étirait sous la caresse de soleil d'été. À fleur de roseaux, la terre fumait de grosses gouttes de rosées.

Juin s'était éclaté et faisait oublier février.

Les cimes des montagnes accrochaient les nuages ondulés courant vers l'océan.

Tout près, enserré dans la baie, le havre s'échancrait, accueillant, ouvert, bras de terre rocailleux pour mieux étreindre la mer.

Bien arrimés aux quais, mais sautant au rythme des vaguelettes, voiliers, thoniers, canots, yachts et goélettes goûtent le repos mérité des bateaux que les flots ont bien brassés.

À l'entrée du port, au gré des vents et des marées, bien ancrée au fond pierreux, danse une bouée. Pourtour tout rouge, couronnée d'une cloche marine à son flanc rebondi, une lumière puissante balaie l'horizon en chaleur.

(...)

En début de matinée, un petit voilier à l'étrave bien élancée quitte la rade. Agité, le petit derrière écrase la frise des vagues, les embruns pleurent sur le pont de bois de teck.

Se pointant vers le large, il entend un sanglot étouffé en passant près de la bouée.

— Mais, tu pleures, belle bouée, qu'en est-il? La brise, le soleil n'ont-ils pas de succès auprès de toi, en ce merveilleux jour d'été?

— Oui, mais mon bonheur est bien réduit auprès du tien. Tu pars vers l'infini, vers l'aventure des rivages aux plages dorées, des lagons verts aux sables doux et chauds, tu vas connaître des boucles de rivières parfumées et peut-être les monter sous les arbres ployés pour te caresser. Tu repars, tires des bordées et reviens apaisé de l'équipée au-delà de l'horizon.

Moi, jamais ne pars, prisonnière du câble d'acier, serrée au bloc de béton armé au fin fond de la baie.

— Mais, reprit le voilier, si tu n'y étais pas j'irais m'échouer au retour vers le quai.

— Moi aussi je rêve de traversées, dit la bouée, de voyages au long cours et en d'autres ports d'arrivée, mais l'aventure m'est refusée.

— Oui, c'est vrai, mais toi jamais ne feras naufrage, voyager sur la mer, tu sais, est dangereux et risqué.

Alors ça va, j'accepte mon câble, si je te protège du péril, petit voilier, je serai donc ton son-lumière et toi, voyage au loin, mais reviens bien vite, car je vais m'ennuyer.

(...)

Les temps sont proches...

Mais quelle est la mesure du temps?

De quelle proximité ces temps-là sont-ils proches?

Et l'univers est en expansion. Aussi loin que scrute le regard de l'Homme, aussi loin que ses yeux voyageurs et explorateurs se rendent, les limites de cet univers se repoussent hors d'atteinte.

Il y eut Bouddha à Bénarès, Lao Tseu hors du temps et de sa Chine éternelle, Jésus à Bethléem, le Christ triomphant et écrasé à Jérusalem. Mahomet, François d'Assise, les Apôtres.

Un moine thibétain augmente d'un cran dans l'immobilité sa possession des dieux sous la froide lumière d'une lune toute ronde.

Le trappiste tire les câbles noueux afin d'agiter l'airain lourd de chants au clocher du monastère.

Une mère invoque la Vierge en berçant son enfant malade.

Le clochard londonien arrache de ses lèvres l'infect breuvage afin que son copain y trempe les lèvres.

Un vieux, croulant depuis minuit sous le poids des rêves d'hier, soulève son store à l'aube et bénit le Ciel que naisse un nouveau jour.

À Djarkarta, Ali étend son tapis, s'accroupit et prie l'Éternel dans la rumeur de la ville. Il est seul avec Dieu, Abraham, Allah et la Kaaba.

Les temps sont proches. L'amour est infini. L'univers aussi.

Oui nous approchons, l'espace d'un moment nous en sépare encore, du grand «bang» de vérité, qu'espèrent les agneaux, que bêlent de désespoir des boucs de tout poil.

Bientôt, sur la nuée, brisant des tessons d'étoiles, paraîtra l'Éternel, afin de dissoudre le temps et réduire l'espace à son cœur brûlant d'amour afin que s'y apaisent et s'y repaissent les êtres ayant esquissé en cours d'existence le geste de retour vers la maison du Père après la dilapidation de leur héritage de grâces.

C'est pauvre et nu que Dieu accueillera la pauvreté et la nudité pour qu'en des noces éternelles le Créateur et la créature s'étreignent à jamais.

Joseph Ben David et Fils
Charpentiers, menuisiers, ébénistes
Boulevard de l'Espérance,
Nazareth, Galilée

À la croisée du chemin allant de Nazareth à Capharnaüm, apparaît une maison toute blanche, dont une partie, comportant un étage jouxtant le corps principal du bâtiment, retenait l'attention du voyageur par la générosité et l'exubérance de la vigne grimpante qui l'enserrait de ses rameaux touffus.

Il m'est venu une nuit d'automne de rêver à cet endroit où œuvrait, avec son papa, Jésus apprenti menuisier.

(...)

Un parfum de bran de scie flotte dans l'atelier. Près de l'établi une fenêtre oblique laisse passer un rayon de soleil dans l'air chargé de miettes de bois tournoyant par milliers dans l'aire chaude, jusqu'au tas de copeaux sous la table de travail.

Bers, chevalets, escabeaux, échelles, balais, chaises, tables, armoires, montants de lits, timons, manchons de socs, marchepieds, manches d'outils de jardinage, cadres et châssis de portes, pelles à vanner, s'entassent dans une remise adjacente à travers la folle exubérance des parcelles de sciure de bois en suspension. Tout à côté, à l'écart de l'atelier, Marie, fille d'Israël, s'affaire à placer des fruits dans un grand plat en terre cuite peint en bleu. Les olives, les figues, les raisins et autres délices de la terre de David enjolivent la table de la dînette.

Un appentis où s'ébrouent un âne, une vache, quelques brebis et moutons. Une dizaine de poules complètent les alentours de l'atelier du charpentier.

Deux joyeuses tourterelles picorent les grains tombés hors du poulailler. Au cœur de la création de son Père, Jésus, dans un climat d'amour fait de tendresse, se prépare à sa mission de rédempteur du monde en travaillant le bois. Aujourd'hui, de ses mains bénies, il nous fabrique des échelles pour que nous le rejoignions au ciel.

Les bergers du Petit Reste

Le premier à bouger imperceptiblement, saint Joseph s'approche doucement des limites de la crèche, bientôt suivi de Marie, serrant Jésus sur son sein virginal et maternel.

Ensemble, nous sommes les habitués de cette messe de 16 heures à l'église paroissiale, à laquelle nous assistons tous les jours en préparant nos cœurs et nos esprits par la récitation du chapelet.

D'un signe discret de la main, le Saint Homme nous invite tous à les rejoindre dans l'enceinte du modeste réduit occupé par le petit Jésus et ses parents. Au cœur d'un profond silence, la Vierge Marie, avec un sourire puisé à la source du ciel, nous convie à prendre l'enfant Dieu en nos bras et l'adorer sans bruit afin de ne pas le réveiller. Féerie céleste, être si nombreux en un lieu si restreint.

Mais le Seigneur passe en comblant nos mains vides de sa grâce et de sa paix. Tout baigne dans un frémissement des feuilles recevant la rosée à l'aurore. Ensemble, c'est d'un seul cœur que nos larmes coulent de bonheur. Une étoile éclaire toute la scène de doux et caressants rayons. Du corps de notre Dieu émanent d'exquis parfums.

Peu à peu chacun comprend que tout est en place au cœur de la crèche et que le but de ce miracle est vraiment atteint. La grande richesse de la sainte Pauvreté où le cœur devient une crèche pour accueillir le Seigneur et l'autre, nous a soudés dans un même désir de Dieu.

En Jésus, renaissance comme sujets du Christ-Roi.

Un silence complice nous unira toujours.

Jean-Paul II

En ce lieu de rafraîchissement, de lumière et de paix, notre Père à tous, Dieu et Seigneur, est le Maestro de la création entière et dirige le chœur des anges.

Au septième ciel, les archanges dirigent les chérubins vers la lyre, la harpe, la cithare, le violon, les altos, cuivres et cymbales. Pour les séraphins, la pratique de la trompette suffit à bien préparer l'allégresse du grand retour du Seigneur au jardin d'enfants où demeurent ses amis.

À quelques poussières de temps, dans un jadis très récent, le bon Dieu nous a enrichis d'un vicaire exceptionnel pour le refléter sur la terre.

Son ange gardien lui souffle à l'oreille d'être au service de tous en portant le doux nom de Jean-Paul II.

Alors, le Seigneur fournit à ce pape si bien nommé une harpe pour s'accompagner en chantant la vie sur tous les tons. La vie de ses créatures actuelles et à venir, la vie et la garde de sa création en pratiquant foi, amour et espérance. Cela, l'évêque de Rome l'accomplit.

Jésus, quant à lui, s'étant donné par amour total et absolu, jugea approprié d'inspirer à son ami, l'illustre Polonais, de caresser la lyre de ses longs doigts fins comme des plumes de colombe pour enrichir les habitants de la terre de la lumière douce de l'amour divin et de l'accueil de l'autre.

Aussitôt on vit l'homme en blanc prendre les chemins du monde avec son bâton de pèlerin pour chanter

(...)

à pleine voix, lyre en mains, comme rarement troubadour le fit avec tant d'entrain à Rome, dans sa cour et au cours de ses voyages aux si longs cours.

Mais l'Esprit saint, solidaire de l'amour trinitaire, inspire à cet homme, dont le nom carillonne, de se lever contre les chaînes de l'esclavage pour devenir soliste au chœur des chérubins pour faire surgir la fierté de sa cachette polonaise.

Des chantiers navals de son pays d'origine, il se trouve un navire syndiqué déjà baptisé Solidarnosc pour ramener la liberté grâce aux doubles de la clé de saint Pierre.

La Mère de Dieu, Reine du Ciel et de la Paix, inspire son enfant d'origine slave qui aime tant faire pèlerinage au sanctuaire de la Vierge noire de Czestochowa, de promouvoir partout avec puissance au-delà des fuseaux horaires et des haines d'antan la Paix au sein de laquelle ses enfants parviennent à s'aimer pour goûter aux prémices des joies célestes.

L'ensemble des harmonies venant du ciel l'ont bien servi pour accomplir cette tâche si divine.

Le barbier de mon village

Autrefois, lorsque mon village tressaillait de vie autour de son clocher, sur sa rue principale et quelques rues secondaires débouchant sur la cour du presbytère, on y trouvait, à l'arrière de pimpantes et colorées enseignes, l'étal du boucher, le magasin général, l'échoppe du cordonnier et la boulangerie-pâtisserie.

L'épicier tenait boutique près de la croisée des chemins afin de vendre ses marchandises même aux passants étrangers.

Mais d'un fil de cheveu, le barbier retenait ensemble tous les villageois.

L'humus social, la relation d'être des hommes se retrouvaient autour de deux ou trois chaises à dossier et siège de cuirette noire muni de ce levier pour coucher et redresser les cas de lavage de têtes, de barbe et autres frivolités, afin de donner à ces messieurs la propreté des virils satisfaits.

Ah! le barbier de ce temps ne coupait pas les cheveux en quatre. Loin de là. Et pour savoir ce qui se passait autant de l'autre côté de la rue que de la planète, il fallait au moins y attendre son tour une bonne demi-heure.

Flottait alors dans la salle d'opération du Figaro l'odeur de foin coupé, de parfum Bellefontaine et de lotion à barbe aux lourds arômes.

Une moustache ici, une barbe là, quelques coches au chevelu, un joli coq pour le beau du village, la brosse

(...)

pour la crinière rebelle, une colle pour l'épi toujours redressé et clic-clic de la tondeuse et clac-clac des ciseaux toujours en action.

Un dernier coup de peigne, le miroir pour refléter le chef-d'œuvre, quelques sous changent de main, la grosse caisse se fait entendre et dehors près de l'enseigne où se côtoient pour toujours le rouge et le blanc, l'air est plus pur, le monde plus joli pour les tondus de frais.

Ah! mon barbier, si tu revenais chez nous, mon village revivrait et moi aussi!

Freligshburg: *Le rang des pommes*

D'une galaxie lointaine tout au fond d'un tiroir
où se retrouve le temps perdu,
un tapis fleuri est tombé dans les pommes
sur les bords d'un rang, au pays des fées.
Asters, fleurs arc-en-ciel, petites pervenches
toutes timides, primevères et iris se caressent
de leurs minuscules et sensuelles feuilles.
Iris aussi bleu qu'une aile de papillon
nouveau-né de son cocon poilu.
Immortelles pour convaincre, en silence,
que passe trop vite la vie pour la goûter pleinement.
Myosotis, bijoux de ce chef-d'œuvre d'outre espace,
tremblent, nostalgiques de ce rayon d'étoiles
si loin déjà dans leur mémoire fleur.
De longues tiges floconneuses créent l'ombre complice
afin que chaque teinte laisse éclater
sa beauté tamisée par l'enchevêtrement
de branches folles couvrant le tout d'un voile pudique.
Quel joli tableau parsemé d'effluves d'astres,
d'haleine de ciel et de rosée d'azur.
C'est grisé de l'arôme des fleurs,
de leur beauté, de leurs délicates couleurs,
que j'accours vous souhaiter de croire au bonheur!

BRINDILLES

❄

Ce n'est pas d'hier
que les larmes ont goût de mer.
Elle traduisent la misère d'être
sans amour, sans rêves,
sans grèves pour s'étirer.

❄

Les amitiés meurent comme les fleurs,
par manque de chaleur et de moiteur, quel malheur!

Je n'ai pas vu le corps du vent, mais il me décoiffe.

T'es pas tanné de jouer à l'être heureux?
Jamais repu, jamais aussi assouvi
que ton cœur le réclame?

Le premier coupe-vent du monde,
l'aile de l'albatros.

La force c'est, d'un front serein, mesurer l'étendue
de ses faiblesses, mais avec courage et paix.
C'est occuper tout le territoire de sa vie
en regorgeant d'espérance.

Se saouler, se griser des mystères cachés au cœur
des futurs et s'arracher aux certitudes
afin de découvrir l'ivresse de nouvelles conquêtes.

L'heure, où fleurit la verge d'or, est celle des premiers
gels et l'été s'endort. L'hiver s'éveille encore.

La vertu perd son charme lorsque étalée
avec vanité et ostentation!

Les gens qui grimpent l'échelle du succès
ne visent souvent que le barreau du haut
sans savoir le mystère qu'il recèle.

Pour mieux sauter du tremplin vers la lumière,
il faut se replier, se pencher, devenir plus petit afin
que l'élan donné par les jambes soit plus puissant.

Le bonheur est ponctuel au rendez-vous de la vie.
C'est nous qui sommes trop souvent en retard.

La folle du logis oublie souvent
d'acquitter son loyer.

Une maquette de voilier en bouteille,
c'est pas la mer à boire,
mais un rêve d'évasion à siroter.

On passe la première partie de sa vie à se créer
des besoins, la deuxième à essayer de les combler,
la troisième en se demandant
si tout ça en valait la peine.

Lorsque enfin on se sent bien dans sa peau
il est presque déjà temps de la quitter.

Je cherche un dictionnaire
qui ne me parle que d'amour.

Au divorce, à la brisure, le jeune père retourne
à sa vie de garçon, la jeune mère à sa vie de fille;
mais les enfants, vers quelle vie vont-ils?

Pour atteindre sa vérité, il faut cesser de se contenter
d'être à l'aise avec l'image que l'on se plaît
à projeter de son ego.

Il a gagné sa vie en jouant à ce qu'il n'était pas.
Il l'a perdue sans l'avoir connue et en s'ignorant.

Je me livre.
D'un coup de chapeau,
j'ai salué une bibliothèque.

Le cœur qui pleure connaît le dégel au printemps
paré pour les fleurs et les fruits.

Il neigeait. Cela convenait bien à ma nuit blanche.

Le non-dit tue l'amour à coup sûr,
plus que la cruelle vérité.

J'ai besoin d'aller au-delà des années-lumière
pour mesurer ma durée.

Pour partager ta souffrance, je t'offre mon silence.

Au ciel, il y a des couronnes d'étoiles,
une d'entre elles m'attend.

L'arbre du Bien et du Mal est planté au jardin
de nos cœurs sur une parcelle de terre qui a nom :
conscience.

Faire le vœu d'assez. Donner le reste aux indigents.

On meurt à petit feu longtemps avant de s'éteindre
tout à fait pour aussitôt revivre dans la lumière.

J'écris à mes enfants, car mon cri ne les rejoint
pas de mon hiver à leur printemps.
Il en fut ainsi depuis l'aube des temps.
Comme je prie aussi pour que l'amour vrai
s'exprime sur leurs lèvres : Alléluia!

Si je redevenais enfant, je souhaiterais
être maître du vent (poème d'Avent).

L'amour est un tout et ne peut se laisser découper.

À la fin du jour, la Paix.
De la musique en robe de chambre!

Je souhaite tant être ce grain qui meurt doucement
pour devenir l'ami de tous les printemps
rêvant de promesses.

Lorsqu'un ami meurt, c'est une galette de vie
qui se détache de mes certitudes pour se lancer
dans la turbulente rivière qui a comme ultime
destination l'océan des souvenirs.

L'amour à ras de terre, c'est beau pour le faîte
du cerisier, mais ça ne vole pas haut pour l'être.

Un arbre chuchote dans la douce brise :
«La pluie s'en vient, mes feuilles font de l'alenvers,
pour capter son eau douce et caressante;
alors elles feront la fête et mes racines chatouilleront
de plaisir lorsque la mouillure les atteindra.»

Non, tu n'es pas venu au monde pour un petit pain…
Un jour, tu apprendras que toute la boulangerie
t'appartient.

Parfois, mon lit est une île qui dérive doucement
sur l'océan des rêves vers le continent sans frontières
d'où le mal, la mort et la peine sont bannis à jamais.

Voir l'enfant de son enfant,
c'est faire un clin d'œil d'espérance
à l'immensité de l'Infini.
La vie de l'ancêtre se prolonge toute neuve
dans cet être fragile qui a, comme lui,
l'immortalité comme héritage.

Beaucoup de bien-portants promènent
leurs rêves en fauteuil roulant.

Le cœur d'une grand-mère est doux
comme un berceau.
Celui d'un grand-père ressemble
à une pouponnière.

Les saisons s'engouffrent dans l'ouverture béante
d'une corne d'abondance qui a nom : le temps.

L'univers médiatique où nous sommes immergés
a tendance à déifier les vedettes créées par la presse,
la radio, la télévision, les concerts et, de là,
il n'y a qu'un pas pour descendre Dieu du Ciel afin
d'en faire un humaniste humanoïde.

Il gelait si fort que même le froid frissonnait.

Portées par les vaguelettes, de belles feuilles d'or
venaient doucement couvrir la plage déjà endormie,
sous la caresse d'un soleil bâillant d'ennui avant
d'aller se coucher.

Ma mémoire se grise de toujours te garder
où juillet embaume de lavande, de rose, de jasmin,
et de si grandioses chefs-d'œuvre
lorsque le soleil s'étend pour embraser la nuit.

Au Royaume d'Éole, une fleur vole,
un papillon bleu s'envole.
Toi et moi et la nuit frivole.

Il faut partir de quelque part
pour arriver ailleurs.

On ne vit que par le cœur.
S'il est congédié, l'esprit meurt.

Il faut savoir s'enrichir
des désirs que l'on n'a plus.

Un soir de janvier, j'ai pris au cellier
une bouteille de vin dépareillée.
Afin de se faire belle, elle avait revêtu robe si légère
que l'on eût dit tulle ou poussière. Le temps lui allait
si bien que pieux et sage, je l'ai remise sur la planche
de pin, à croire que laisser vieillir le vin, pour Bacchus
et moi, fait grand bien.

Quand on est plein de soi, on est vide des autres.

On projette toujours de soi
une fausse image car on est bien loin
de connaître ce que l'on est vraiment.

MEMBRE DU GROUPE SCABRINI

Québec, Canada
2006